PHILIPPE ESCAICH ET PHILIPPE MESURON

100 %
PLANCHA

Photographies de Charly Deslandes
& stylisme de Séverine Augé

LE MARQUIER LAROUSSE

SOMMAIRE

LA PLANCHA LE MARQUIER

DEPUIS PLUS DE 50 ANS, LA MAISON LE MARQUIER DÉFEND LE SAVOIR-FAIRE FRANÇAIS ET S'ATTACHE À AFFIRMER SA POSITION DE SPÉCIALISTE DE LA CUISINE EN EXTÉRIEUR. SI UN VENT NOUVEAU SOUFFLE SUR NOTRE MARQUE, NOUS GARDONS TOUJOURS COMME LIGNE DIRECTRICE LES VALEURS QUI NOUS ONT AIDÉS À GRANDIR ET ÉVOLUER AU FIL DU TEMPS : CONVIVIALITÉ, INNOVATION, PARTAGE, EXCELLENCE ET AUTHENTICITÉ.

Attachée à des engagements socio-environnementaux forts, l'entreprise est fière de concevoir et de fabriquer des barbecues, planchas et accessoires de cheminée certifiés Origine France Garantie. Ce savoir-faire précieux est exercé par des salariés passionnés qui fabriquent des produits d'excellence dans un atelier de 7000 m² aux portes de Bayonne. Depuis 2020, les planchas LE MARQUIER sont garanties à vie, un gage supplémentaire de qualité*.

Saine, simple, saisissante et savoureuse : telles sont les promesses de la cuisine à la plancha. Révéler les saveurs d'une pièce de viande, cuisiner un wok de légumes, snacker un poisson… Les possibilités sont infinies. Sa facilité d'utilisation fera de la plancha votre meilleure alliée. Elle s'invitera lors des grandes tablées comme pour des repas plus intimes. Entre amis, en famille ou en couple, la cuisine à la plancha est synonyme de bonne humeur et de convivialité.

L'ÉQUIPE LE MARQUIER

* Conditions de la garantie consultables sur lemarquier.com.

PHILIPPE MESURON,
alias DOUDOU
PHILIPPE ESCAICH,
alias PHILOU

LES PHILIPPE

VOILÀ UN DUO INSÉPARABLE QUI NE MANQUE PAS DE PIQUANT ! L'UN DE CES DUOS DE CUISINIERS QUI RESPIRENT LA BONNE HUMEUR ET NOUS COMMUNIQUENT LEUR PASSION À TRAVERS UNE COMPLICITÉ UNIQUE ET L'ENVIE DE SE FAIRE PLAISIR !

Pourtant, ces deux personnages n'étaient pas prédestinés à se rencontrer. D'un côté Philippe Mesuron, attaché de presse sur Paris, côtoie tous les grands du show-business en passant par Johnny Hallyday, Chantal Goya, Pierre Bonte... Ses journées et ses nuits ne sont que strass et paillettes, jusqu'au jour où il décide de rentrer sur ses terres périgourdines à la suite de son passage réussi dans l'émission Masterchef 2010, première saison inédite en France, dont il sort 8e !

Le second compère porte le même prénom, Philippe, son nom de famille, Escaich, est forcément associé au sud de la France. Son univers est tout autre puisqu'il navigue dans le monde des assurances et des complémentaires santé jusqu'en 2012, année où il décide de tenter l'aventure Masterchef, pour enfin concrétiser son désir longtemps enfoui : devenir cuisinier professionnel. Il termine 7e de la quatrième saison et entame alors, lui aussi, sa reconversion.

Ce sont trois années plus tard, en 2015, que ces deux Philippe se rencontrent enfin, pour ne plus jamais se quitter !

Ce livre est une continuité dans leur aventure comme dans leur amitié qui s'est forgée au fil du temps et ne cesse de s'affirmer jour après jour. Recette après recette.

Dans celui-ci, « Les Philippe », comme on les appelle aujourd'hui, se sont lancés le défi de vous proposer chacun sa version de recettes à la plancha, autour d'une liste d'ingrédients en commun ! Les 44 recettes qu'ils vous partagent ici, sont ainsi le reflet de leur cuisine, de leur personnalité et de leur singularité. Singularité qui s'exprime pour l'un dans une cuisine attachée au terroir et aux recettes de grands-mères sublimées par de bons produits de son Périgord natal. Quand le second, enfant du Sud-Ouest, donne place à une cuisine plus instinctive, laissant parler ses envies. Nourri par une curiosité pour les cuisines du monde, il aime donner du relief à ses recettes.

Notre duo inséparable espère que vous prendrez plaisir à réaliser ces recettes, et souhaite faire de ce livre une source d'inspiration, de partage, et de défense des bons produits dont ils sont tous deux amoureux.

Alors maintenant,
c'est à vous de plancher !

1

ENTRÉES

Les recettes de **DOUDOU**

Les recettes de **PHILOU**

DÉFI ŒUF

ŒUFS COCOTTE
façon basque

PRÉPARATION : **10 MIN** ♦ CUISSON : **8 MIN**
USTENSILE : **PLAT RÉSISTANT À LA CHALEUR, 4 RAMEQUINS**

POUR 4 PERSONNES

- 4 gros œufs
- 4 c. à soupe bombées de crème fraîche
- 12 rondelles de chorizo doux
- 4 petites tomates confites
- 4 petits poivrons de piquillo en bocal
- 4 petits oignons blancs frais
- 4 c. à café d'huile d'olive
- 2 pincées de piment d'Espelette
- 4 tranches de tourte de meule
- 1 gousse d'ail
- Sel

1. Dans chaque ramequin, mettez 1 œuf et 1 c. à soupe de crème. Déposez délicatement par-dessus 3 rondelles de chorizo, 1 tomate confite, 1 poivron de piquillo et 1 oignon haché. Arrosez de 1 c. à café d'huile, salez et saupoudrez de piment.

2. Remplissez le plat d'eau et déposez-le sur la plancha. Allumez la plancha et amenez l'eau à frémissement.

3. Déposez les ramequins dans le plat et faites cuire 8 min au bain-marie. Le blanc de l'œuf doit être cuit et le jaune onctueux.

4. Servez les œufs cocotte avec une tranche de tourte de meule légèrement grillée et frottée à l'ail.

L'astuce de **DOUDOU**

Au Pays basque, il y a toujours une bonne raison pour faire la fête. Le dernier week-end d'octobre, le charmant petit village d'Espelette célèbre la fin de la récolte de son célèbre piment. L'occasion de partager des moments chaleureux et de savourer les produits du terroir.

DÉFI ŒUF

MUFFINS
aux œufs et bacon

PRÉPARATION : **15 MIN** ♦ CUISSON : **15 MIN**

POUR 4 PERSONNES

- 4 œufs
- 8 tranches de bacon
- 4 pain à muffins

Pour la sauce tartare :

- 1 œuf + 1 jaune
- 1 c. à café de moutarde de Dijon
- 25 cl d'huile de tournesol
- 1 c. à café de vinaigre
- 1 échalote
- 1 brin de persil
- 1 brin de cerfeuil
- ½ brin d'estragon
- 3 c. à soupe de câpres
- 4 cornichons
- Sel et poivre

1. Préparez la sauce tartare. Faites cuire l'œuf entier 10 min dans de l'eau bouillante.

2. Dans un saladier, déposez le jaune d'œuf et la moutarde. Fouettez pendant 1 min, puis laissez reposer un instant.

3. Ajoutez l'huile de façon régulière et continue pour obtenir une émulsion ferme. Terminez avec le vinaigre.

4. Ajoutez l'échalote et les herbes finement hachées, ainsi que les câpres et les cornichons émincés, et enfin l'œuf dur préalablement haché au couteau. Salez et poivrez. Réservez au frais.

5. Faites griller le bacon sur la plancha et faites cuire les œufs au plat.

6. Coupez les pains à muffins en deux dans la hauteur et toastez-les. Sur chaque base de muffin, étalez une couche généreuse de sauce tartare, puis déposez 2 tranches de bacon et 1 œuf. Recouvrez avec le chapeau.

L'astuce de **PHILOU**

En entrée ou pour un brunch entre amis, c'est un succès garanti !

DÉFI FROMAGE

CABÉCOUS PANÉS,
figues fraîches et miel de lavande

PRÉPARATION : **10 MIN** ♦ CUISSON : **5 MIN**

POUR 4 PERSONNES

- 4 cabécous
- 4 belles figues fraîches
- 4 c. à soupe de miel de lavande
- 100 g de farine
- 2 œufs
- 150 g de chapelure
- Sel et poivre

1. Préparez trois assiettes avec la farine, les œufs battus et assaisonnés, et la chapelure.

2. Passez chaque cabécou successivement dans la farine, les œufs et la chapelure. Pour plus de croustillant, passez-les une seconde fois dans les œufs et la chapelure. Réservez au frais.

3. Faites chauffer la plancha à feu moyen. Huilez légèrement la plaque, puis faites colorer les cabécous 2 à 3 min par face.

4. Dans les assiettes, déposez les cabécous panés accompagnés des figues fraîches. Pour finir, arrosez de miel de lavande.

L'astuce de DOUDOU

Si vous souhaitez parfumer la chapelure avant de paner les cabécous, ajoutez-y du thym effeuillé ou des épices.

DÉFI FROMAGE

MONT D'OR
au lard fumé

PRÉPARATION : **10 MIN** ♦ CUISSON : **30 MIN** ♦ USTENSILE : **CLOCHE**

POUR 4 PERSONNES

- 1 Mont d'Or
- 12 tranches de lard fumé
- ½ laitue
- 1 c. à soupe de vin blanc
- 2 c. à soupe d'huile de noix
- 2 c. à soupe de vinaigre
- Sel et poivre

1. Sortez le Mont d'Or de sa boîte (gardez le fond). Creusez un trou dans le fromage et versez-y le vin blanc.

2. Emballez le fromage dans du papier d'aluminium. Déposez-le sur la plancha à feu vif, couvrez avec la cloche et faites cuire 30 min environ selon la maturité du fromage et son goût.

3. Environ 10 min avant la fin de la cuisson, faites griller les tranches de lard fumé sur la plancha des deux côtés. Égouttez-les sur du papier absorbant dans une assiette, puis coupez-le en petits morceaux.

4. Nettoyez la salade, déposez-la dans un saladier, ajoutez l'huile de noix, le vinaigre, du sel et du poivre. Mélangez.

5. Garnissez les assiettes de salade. Déposez le Mont d'Or dans sa boîte au centre de la table et parsemez de lard fumé.

L'astuce de **PHILOU**

C'est une recette toujours très conviviale !
Chaque convive se servira à la cuillère.

COUP DE CŒUR

ASPERGES RÔTIES
au jambon de pays, mayonnaise aux herbes du jardin

PRÉPARATION : **20 MIN** ♦ CUISSON : **10 MIN**
USTENSILES : **GRILLE DE REPOS, CLOCHE**

POUR 4 PERSONNES

- 24 asperges vertes
- 24 tranches très fines de jambon de pays

Pour la mayonnaise :

- 1 jaune d'œuf
- 1 c. à café de moutarde de Dijon
- 15 cl d'huile de tournesol
- 1 c. à soupe de vinaigre blanc
- 1 bouquet d'herbes fraîches (estragon, basilic, thym...)
- Sel et poivre

1. Coupez le pied des asperges, puis passez-les sous l'eau.
2. Allumez la plancha à feu vif et déposez la grille de repos en position basse. Alignez côte à côte les asperges sur la grille, versez 50 cl d'eau par-dessus et recouvrez aussitôt avec la cloche. Vous obtenez ainsi une cuisson à la vapeur. Faites cuire 5 à 7 min, les asperges doivent rester légèrement croquantes. Une fois cuites, laissez-les refroidir.
3. Entourez les asperges d'une tranche de jambon, puis faites-les rôtir sur la plancha à feu doux. Réservez-les ensuite au chaud sur la grille de repos en position haute.
4. Pendant ce temps, préparez la mayonnaise. Émulsionnez le jaune d'œuf et la moutarde, puis incorporez-y petit à petit l'huile.
5. Détendez la mayonnaise avec le vinaigre, mélangez-y les herbes ciselées, salez et poivrez.
6. Servez les asperges rôties et leur mayonnaise pour un apéritif autour de la plancha et entre amis.

L'astuce de **DOUDOU**

L'asperge verte ne s'épluche pas, à la différence de l'asperge blanche. La cuisson est rapide, elle doit se déguster légèrement croquante.

BRASSERIE

COUP DE CŒUR

POULPE
en persillade

PRÉPARATION : **20 MIN** ♦ CUISSON : **30 MIN**

POUR 4 PERSONNES

- 300 g de poulpe cuit
- 400 g de pommes de terre fermes à peau fine
- 2 gousses d'ail
- 2 brins de persil
- Huile de tournesol
- Sel

Pour la mayonnaise :

- 1 jaune d'œuf
- 1 c. à café de moutarde de Dijon
- 25 cl d'huile de tournesol
- 3 pincées de piment d'Espelette
- 3 pincées de sel

1. Faites cuire les pommes de terre à l'eau salée sans les éplucher. Égouttez-les, laissez-les refroidir, puis coupez-les en rondelles.

2. Préparez la mayonnaise. Fouettez le jaune d'œuf avec la moutarde pendant 1 min. Laissez reposer pendant 1 min et ajoutez l'huile en filet régulier pour monter l'émulsion. Assaisonnez à la fin avec le piment et le sel.

3. Coupez le poulpe en rondelles. Enrobez-les rapidement avec un peu d'huile dans un saladier, puis faites-les griller à la plancha. En fin de cuisson, ajoutez l'ail et le persil préalablement hachés et mélangés.

4. Passez les pommes de terre à la plancha avec un peu d'huile afin de les colorer.

5. Dans les assiettes, déposez un lit de pommes de terre, puis du poulpe et terminez avec des petites touches de mayonnaise.

L'astuce de **PHILOU**

Cette entrée peut se servir légèrement tiède ou froide.

2

VIANDES

DÉFI POULET

CORDONS BLEUS
de poulet

PRÉPARATION : **30 MIN** ♦ CUISSON : **15 MIN**

POUR 4 PERSONNES

- 4 filets de poulet
- 12 tranches de bacon
- 150 g de fromage à fondre en tranches ou râpé
- 100 g de farine
- 2 œufs
- 150 g de chapelure
- 1 c. à soupe d'huile d'olive
- Sel et poivre

1. Ouvrez les filets de poulet en portefeuille. Sur chacun d'eux, déposez 3 tranches de bacon et du fromage. Poivrez, salez très légèrement et refermez les portefeuilles de poulet.

2. Préparez trois assiettes avec la farine, les œufs battus et assaisonnés, et la chapelure.

3. Passez chaque portefeuille de poulet successivement dans la farine, les œufs et la chapelure. Ils doivent être correctement et uniformément panés.

4. Allumez la plancha à feu moyen, huilez la plaque, puis une fois chaude, déposez les portefeuilles de poulet. Faites-les cuire 6 à 7 min par face.

L'astuce de **DOUDOU**

Les cordons bleus sont appréciés des grands et des petits. Servez-les avec un ketchup maison minute. Dans une casserole, mettez 1 petite boîte de tomates pelées et épépinées, 4 c. à soupe de sucre et 2 c. à soupe de vinaigre blanc. Faites chauffer, mixez et conservez au frais.

DÉFI POULET

CHOW MEIN
au poulet

PRÉPARATION : **15 MIN** ♦ CUISSON : **25 MIN** ♦ USTENSILE : **CLOCHE (FACULTATIF)**

POUR 4 PERSONNES

- ♦ 400 g de filets de poulet
- ♦ 250 g de nouilles chinoises aux œufs
- ♦ 2 c. à soupe d'huile de sésame
- ♦ 1 carotte en fins bâtonnets
- ♦ 1 branche de céleri en tronçons
- ♦ 2 gousses d'ail
- ♦ 1 poivron rouge en lanières
- ♦ 1 gros oignon
- ♦ 100 g de champignons (shiitaké ou de Paris)
- ♦ 3 c. à soupe de sauce soja
- ♦ 2 c. à soupe de mirin (ou de vinaigre de cidre)

1. Dans une casserole d'eau bouillante, faites cuire les nouilles. Passez-les sous l'eau froide, puis égouttez-les. Mélangez-les avec 1 c. à soupe d'huile de sésame et réservez.

2. Coupez les filets de poulet en fines lanières. Sur la plancha, faites-les cuire 3 min environ à feu vif, puis réservez.

3. Toujours sur la plancha, faites cuire la carotte, le céleri et l'ail haché 4 à 5 min.

4. Ajoutez le poivron et l'oignon finement émincé. Faites cuire 4 à 5 min. Vous pouvez couvrir avec la cloche pour conserver l'humidité des légumes.

5. Terminez par les champignons émincés, puis ajoutez les nouilles et le poulet sur la plancha.

6. Mélangez bien et faites cuire 2 à 3 min de plus. Déglacez avec la sauce soja et le mirin.

7. Servez dans des bols chinois, arrosez du reste d'huile et parsemez de feuilles de céleri haché.

L'astuce de **PHILOU**

Cette recette peut être réalisée avec des crevettes, du magret de canard ou en version végétarienne avec du tofu fumé.

DÉFI PORC

POITRINE DE PORC GRILLÉE
et ses haricots tarbais

PRÉPARATION : **20 MIN** ♦ CUISSON : **2 H**

POUR 6 PERSONNES

- 600 g de poitrine de porc à griller
- 2 kg de haricots tarbais frais
- 6 tomates
- 2 oignons
- 200 g de couenne de porc
- 2 feuilles de laurier
- 4 gousses d'ail
- 1 petit bouquet de persil
- 100 g de lard
- Huile de noix
- Sel et poivre

1. Écossez les haricots. Coupez les tomates et les oignons en quatre.

2. Allumez la plancha à feu moyen, déposez une cocotte remplie de 1,5 l d'eau dessus et portez-la à ébullition. Versez-y les haricots, ainsi que les tomates et les oignons.

3. Ajoutez la couenne coupée en gros morceaux, le laurier et laissez cuire 1 h 30 à petits bouillons.

4. Hachez finement l'ail, le persil et le lard. Mélangez le tout pour obtenir un hachis.

5. Ajoutez le hachis dans la cocotte et prolongez la cuisson de 30 min. Salez, poivrez et réservez au chaud, à feu doux, sur un bord de la plancha.

6. Augmentez la température sur l'autre côté de la plancha, à feu moyen, et faites-y griller les morceaux de poitrine de porc salés et poivrés.

7. Dégustez la poitrine grillée avec une bonne louche de haricots et un filet d'huile de noix.

L'astuce de DOUDOU

Pour que les haricots ne soient pas durs, je vous conseille de ne pas saler l'eau au départ. N'assaisonnez qu'en fin de cuisson.

DÉFI PORC

FILET MIGNON DE PORC *lardé*

PRÉPARATION : **20 MIN** ♦ CUISSON : **25 MIN**

POUR 4 PERSONNES

- 1 filet mignon de porc d'environ 500 g
- 100 g de comté
- 20 tranches fines de lard fumé
- Paprika fumé
- Sel

1. Ouvrez le filet mignon en portefeuille. Déposez dessus des bâtonnets de comté de 1 cm de large. Refermez le filet mignon.

2. Enroulez le lard fumé autour du filet mignon en superposant les tranches. Ficelez-le afin que le lard tienne lors de la cuisson.

3. Déposez le filet mignon sur la plancha à feu moyen et faites-le cuire sur toutes les faces. Retournez régulièrement pour qu'il soit cuit uniformément.

4. Le temps de cuisson varie selon l'épaisseur du filet mignon, comptez environ 25 min. Si vous disposez d'une sonde, la température à cœur doit être comprise entre 66 et 71 °C selon votre goût.

5. Assaisonnez à la fin avec le paprika et du sel.

L'astuce de **PHILOU**

Vous pouvez accompagner la viande avec des tomates à la provençale, faciles à faire à la plancha.

DÉFI VEAU

CÔTE DE VEAU
forestière

PRÉPARATION : **20 MIN** ♦ CUISSON : **20 MIN**
USTENSILES : **GRILLE DE REPOS, BOUCHON DE LIÈGE**

POUR 4 PERSONNES

- 1 kg de côte de veau première
- 50 g de beurre
- 1 c. à soupe d'huile d'olive
- 300 g de cèpes
- 300 g de girolles
- 200 g de marrons du Périgord sous vide
- 1 gousse d'ail
- 4 ou 5 brins de persil
- 1 c. à soupe de fond de veau déshydraté
- 30 cl de côtes-du-rhône
- Sel et poivre

1. Faites chauffer la plancha pendant 5 min à feu vif. Déposez le beurre, puis saisissez aussitôt la côte de veau assaisonnée avant que le beurre ne brûle. Baissez la température à feu moyen et prolongez la cuisson de 6 à 7 min par face.

2. Retirez la côte de veau, emballez-la dans du papier d'aluminium et réservez-la au chaud sur la grille de repos.

3. Mettez le bouchon en liège à la plancha, versez l'huile, puis saisissez les champignons et réchauffez les marrons.

4. Mélangez l'ail et le persil finement hachés pour obtenir une persillade.

5. Baissez une nouvelle fois la température à feu doux, ajoutez la persillade et le fond de veau aux champignons, puis déglacez avec le vin. Mélangez bien.

6. Sortez la côte de veau du papier d'aluminium et déposez-la pendant quelques minutes sur les champignons tout en la retournant régulièrement.

7. Servez la côte de veau détaillée en beaux morceaux, accompagnée de sa garniture forestière.

L'astuce de DOUDOU

Remplacez les cèpes et les girolles par des morilles à la bonne saison. Supprimez alors la persillade, mettez de la crème fraîche et déglacez avec un vin blanc moelleux.

DÉFI VEAU

SALTIMBOCCA
de veau

PRÉPARATION : **15 MIN** ♦ CUISSON : **5 MIN**

POUR 4 PERSONNES

- 600 g ou 8 petites escalopes de veau
- 8 tranches fines de jambon cru
- 16 feuilles de sauge fraîche
- 20 g de beurre
- 2 c. à soupe d'huile d'olive
- 10 cl de vin blanc

1. Coupez les escalopes et les tranches de jambon en deux.

2. Déposez une demi-tranche de jambon sur chaque morceau de veau, puis 1 feuille de sauge. Enroulez et faites tenir le tout avec une pique en bois. Coupez les extrémités des piques.

3. Sur la plancha à feu vif, déposez le beurre et l'huile. Ajoutez les saltimbocca et baissez le feu. Faites cuire 1 min 30, puis retournez-les et prolongez la cuisson de 1 min.

4. Déglacez les saltimbocca au vin blanc, puis retirez-les de la plancha. Retirez les piques avant de servir.

L'astuce de **PHILOU**

Servez avec une salade verte, mais personnellement, j'adore déguster les saltimbocca avec une salade de haricots blancs au vinaigre de Xérès.

DÉFI SAUCISSE

ROUGAIL
saucisse

PRÉPARATION : **30 MIN** ♦ CUISSON : **40 MIN** ♦ USTENSILE : **BOUCHON DE LIÈGE**

POUR 4 PERSONNES

- ♦ 4 saucisses boucanées ou fumées type Montbéliard
- ♦ 2 c. à café d'huile d'olive
- ♦ 4 oignons
- ♦ 4 grosses tomates
- ♦ 6 gousses d'ail
- ♦ 1 c. à café de curcuma
- ♦ 1 c. à café de mélange d'épices massalé
- ♦ ½ c. à café de gingembre en poudre
- ♦ Sel et poivre

1. Portez une casserole d'eau à ébullition sur la plancha. Faites-y blanchir les saucisses pendant 10 min après les avoir piquées. Retirez la casserole et maintenez la température à feu moyen.

2. Obstruez le trou de la plancha avec le bouchon en liège, puis badigeonnez-la d'huile.

3. Coupez les saucisses en rondelles épaisses, puis faites-les revenir.

4. Ajoutez les oignons émincés, les tomates coupées en cubes, l'ail écrasé ainsi que les épices, du sel et du poivre.

5. Remuez bien, baissez le feu à feu doux et laissez mijoter tout en remuant régulièrement.

L'astuce de **DOUDOU**

Ce plat traditionnel de l'île de La Réunion se déguste avec un très bon riz blanc et des légumes secs (lentilles, haricots…). Je vous conseille la lentille de Cilaos, même si elle reste la lentille la plus chère au kilo.

DÉFI SAUCISSE

HOT DOGS
façon cassoulet

PRÉPARATION : **20 MIN** ♦ CUISSON : **30 MIN**

POUR 4 PERSONNES

- 4 pains à hot dog
- 4 saucisses de Toulouse
- 1 oignon
- 200 g de haricots blancs en bocal
- 2 gousses d'ail
- Quelques gouttes de Tabasco®
- Sel et poivre

1. Faites cuire les saucisses sur la plancha à feu moyen en les retournant régulièrement pour éviter de les brûler.

2. Coupez l'oignon en rondelles de 2 mm d'épaisseur et détachez les anneaux. Faites-les cuire en les retournant régulièrement jusqu'à obtenir une belle coloration et un côté croustillant.

3. Pendant ce temps, égouttez les haricots dans une passoire en conservant le jus du bocal. Mixez-les ensuite en ajoutant du jus afin d'obtenir la consistance d'un ketchup.

4. Ajoutez l'ail pelé, du Tabasco® selon votre goût, salez et poivrez, puis mixez de nouveau pour obtenir une consistance homogène.

5. Au moment de servir, fendez les pains en deux. Toastez-les à la plancha. Versez un peu de ketchup aux haricots sur les pains, puis déposez les saucisses. Ajoutez encore du ketchup pour les plus gourmands et terminez avec les oignons croustillants.

L'astuce de PHILOU

Pour apporter encore un peu plus de croustillant à cette recette, vous pouvez parsemer les hot dogs de fritons de canard typiques du Sud-Ouest.

« Cette recette de hot dogs
représente bien ma cuisine :
ancrée dans mon terroir
et décomplexée ! »

DÉFI CÔTE DE BŒUF

CÔTE DE BŒUF
façon asiatique

PRÉPARATION : **5 MIN** ♦ CUISSON : **16 MIN**

POUR 4 PERSONNES

- 1 côte de bœuf
- 1 c. à café de cacahuètes concassées
- 2 c. à soupe de sauce soja sucrée
- 1 c. à café de graines de sésame
- 3 c. à soupe de sauce soja salée
- ½ bouquet de menthe fraîche
- 1 c. à soupe de vinaigre de riz
- Sel et poivre

1. Sortez la côte de bœuf 1 h à l'avance.

2. Préparez 3 sauces dans 3 bols différents. Dans le premier, mélangez les cacahuètes concassées avec la sauce soja sucrée. Dans le second, mélangez les graines de sésame avec la sauce soja salée. Et dans le dernier, mélangez les feuilles de menthe et le vinaigre de riz.

3. Faites chauffer la plancha pendant 10 min à feu vif. Huilez la plaque, puis déposez la côte de bœuf. Laissez cuire la première face 8 min pour une cuisson saignante. Retournez la pièce de viande et faites cuire encore 8 min.

4. Assaisonnez à la fin avec du sel et du poivre. Tranchez la viande et dégustez en trempant les morceaux dans les sauces.

L'astuce de **DOUDOU**

Pour une belle croûte en surface, ne retournez la côte de bœuf qu'une seule fois.

DÉFI CÔTE DE BŒUF

CÔTE DE BŒUF
et patatas bravas

PRÉPARATION : **25 MIN** ♦ CUISSON : **50 MIN** ♦ USTENSILE : **CLOCHE (FACULTATIF)**

POUR 4 PERSONNES

- 1 côte de bœuf
- 800 g de pommes de terre fermes à peau fine
- 5 brins de persil
- Huile d'olive

Pour la sauce bravas :

- 1 poivron rouge
- 1 oignon
- 2 gousses d'ail
- 2 c. à soupe d'huile d'olive
- 200 g de pulpe de tomate
- Quelques gouttes de Tabasco®
- Sel de Guérande et poivre concassé

L'astuce de **PHILOU**

Pour plus de saveurs, faites fondre une noix de beurre et faites-y infuser une branche de thym 5 min. Badigeonnez-en la viande pendant la cuisson. Une fois cuite, enveloppez la côte de bœuf dans du papier d'aluminium et laissez reposer 10 min, elle sera plus tendre.

1. Sortez la côte de bœuf 1 h à l'avance.

2. Lavez les pommes de terre, puis coupez-les en cubes de 2 cm de côté. Déposez-les dans un saladier, arrosez d'un peu d'huile et mélangez.

3. Faites cuire les pommes de terre à la plancha en les remuant régulièrement pour éviter qu'elles n'attachent. Vous pouvez couvrir avec la cloche pour une cuisson à l'étouffée. Les pommes de terre sont cuites quand la pointe d'un couteau s'enfonce sans résistance dans la chair.

4. Préparez la sauce bravas. Lavez, épépinez et coupez le poivron en petits cubes. Faites cuire le poivron 10 min sur la plancha, puis encore 5 min avec l'oignon haché finement et enfin 5 min de plus en ajoutant l'ail finement haché.

5. Déposez le tout dans une casserole sur la plancha. Versez l'huile, puis ajoutez la pulpe de tomate, salez et poivrez. Laissez cuire 20 min en vous assurant de ne pas arriver à évaporation complète.

6. Mixez le tout afin d'obtenir la consistance d'un ketchup. Ajoutez du Tabasco® selon votre goût.

7. Pendant la cuisson de la sauce, faites cuire la côte de bœuf à la plancha, 49 °C à cœur pour une cuisson bleue, 54 °C pour une cuisson saignante.

8. Déposez les pommes de terre dans un plat, versez la sauce bavas dessus, parsemez de persil haché. Tranchez la viande et dégustez.

DÉFI BŒUF

TARTARE DE BŒUF
de Bazas poêlé minute

PRÉPARATION : **15 MIN** ♦ CUISSON : **5 MIN** ♦ USTENSILE : **EMPORTE-PIÈCE**

POUR 6 PERSONNES

- 600 g de bœuf haché de Bazas
- 100 g d'échalotes
- 40 g de câpres
- 2 brins de persil
- 50 g de moutarde de Dijon
- 20 g de ketchup
- 20 g de mayonnaise
- 1 c. à soupe de sauce Worcestershire
- 2 gouttes de Tabasco®
- 2 c. à soupe d'huile d'olive

1. Émincez les échalotes. Hachez les câpres. Rincez et ciselez le persil.

2. Dans un saladier, déposez la viande hachée et tous les autres ingrédients exceptée l'huile d'olive. Mélangez bien afin d'obtenir une préparation homogène.

3. Avec l'emporte-pièce, formez des steaks de 150 g chacun environ.

4. Allumez la plancha à feu vif et huilez légèrement la plaque. Une fois la plancha bien chaude, faites faire un aller-retour aux steaks.

L'astuce de **DOUDOU**

Servez les steaks tartares avec une pomme de terre en robe des champs et une salade verte.

DÉFI BŒUF

MON BURGER
et ses frites de polenta

PRÉPARATION : **20 MIN** ♦ CUISSON : **20 MIN**

POUR 4 PERSONNES

- 4 pains à burger
- 4 steaks hachés à 15 % de matière grasse
- 4 gros cornichons russes
- ½ oignon blanc
- 100 g de cheddar en petits dés
- Salade
- Ketchup
- Sel et poivre

Pour les frites de polenta :

- 200 g de polenta
- 50 cl de bouillon de légumes
- 20 g de beurre

L'astuce de PHILOU

Pour réaliser un bouillon de légumes maison, j'utilise les épluchures de légumes que je fais cuire dans un grand volume d'eau salée. Pour le conserver longtemps, je mets ce bouillon au congélateur et j'en sors en fonction de mes besoins.

1. Préparez les frites de polenta. Portez le bouillon à ébullition, puis versez en pluie la polenta et remuez au fouet afin d'éviter les grumeaux.

2. Huilez un plat à bord haut, puis versez-y la polenta chaude et égalisez pour avoir la même épaisseur partout. Réservez au frais pour faire durcir la préparation.

3. Dans un grand saladier, déposez la viande hachée, les cornichons et l'oignon finement hachés, et le cheddar. Mélangez, salez et poivrez. Pesez la préparation, divisez-la en quatre et formez des steaks. Réservez.

4. Sortez la polenta du réfrigérateur et découpez des frites. Déposez le beurre sur la plancha, puis faites-y dorer les frites sur chaque côté.

5. Faites cuire les steaks sur la plancha environ 4 min de chaque côté.

6. En fin de cuisson, toastez les pains et procédez au montage. Garnissez les pains de ketchup, déposez les steaks et enfin quelques feuilles de salade.

DÉFI CANARD

LE TRADITIONNEL MAGRET DE CANARD DU PÉRIGORD
et ses pommes de terre sarladaises

PRÉPARATION : **45 MIN** ♦ TREMPAGE : **1 H** ♦ CUISSON : **30 MIN**
USTENSILES : **MANDOLINE, BOUCHON DE LIÈGE, GRILLE DE REPOS**

POUR 4 PERSONNES

- 2 magrets de canard du Périgord
- 1 kg de pommes de terre
- 2 c. à soupe de graisse de canard
- 4 gousses d'ail
- 1 bouquet de persil
- Sel et poivre

L'astuce de **DOUDOU**

Un vrai plat de terroir traditionnel.

1. Épluchez les pommes de terre, puis coupez-les en fines rondelles avec la mandoline. Lavez-les, puis laissez-les tremper au moins 1 h dans de l'eau froide.

2. Allumez la plancha à feu moyen, faites-y fondre la graisse de canard, puis ajoutez-y les pommes de terre après les avoir égouttées et séchées. Remuez régulièrement, la cuisson doit être uniforme et sans coloration. Une fois cuites, retirez-les avant de procéder à une seconde cuisson.

3. Quadrillez les magrets côté peau, obstruez le trou de la plancha avec le bouchon et commencez la cuisson côté peau. La graisse va fondre doucement. Retournez alors la viande pour poursuivre la cuisson. En fonction de vos goûts, la cuisson sera plus ou moins longue. Le côté peau et le côté viande doivent être bien colorés, mais pas brûlés.

4. Retirez les magrets et emballez-les dans du papier d'aluminium. Réservez sur la grille de repos.

5. Enlevez le bouchon de la plancha, évacuez le plus gros de la graisse, puis augmentez la température et déposez les pommes de terre. Elles doivent légèrement griller et prendre une belle couleur biscotte.

6. En fin de cuisson, hachez l'ail et le persil. Ajoutez cette persillade aux pommes de terre, salez et poivrez.

7. Déballez les magrets, tranchez-les, salez et poivrez. Servez-les sur une belle planche en bois, accompagnés des pommes de terre.

DÉFI CANARD

GÉSIERS DE CANARD
à la marocaine

PRÉPARATION : **20 MIN** ♦ CUISSON : **20 MIN**

POUR 4 PERSONNES

- 500 g de gésiers de canard confits
- 1 c. à soupe d'huile d'olive
- 4 gousses d'ail
- 2 c. à café de paprika
- 1 c. à café de cumin
- 1 c. à café de harissa
- 1 c. à soupe de concentré de tomates
- 3 brins de coriandre
- Sel et poivre

1. Dans une poêle chaude, versez l'huile, l'ail haché et les épices.

2. Faites torréfier les épices 2 à 3 min sur la plancha à feu vif, sans les brûler.

3. Ajoutez les gésiers coupés en lamelles d'environ 2 mm d'épaisseur et laissez cuire environ 15 min.

4. Versez 25 cl d'eau chaude mélangée au concentré de tomates. Laissez mijoter à feux doux jusqu'à obtenir une sauce épaisse et nappante. Salez et poivrez.

5. En fin de cuisson, hachez finement la coriandre et parsemez-en les gésiers.

L'astuce de **PHILOU**

Servez avec une semoule parfumée au citron confit avec des amandes effilées.

« Le bonheur est dans l'assiette avec cette recette de Foie Gras IGP Périgord ! Une recette simple, généreuse et authentique qui correspond à mes valeurs, car attachée au terroir. Les transmissions familiales sont primordiales chez moi. »

COUP DE CŒUR

FOIE GRAS RÔTI
de canard du Périgord

PRÉPARATION : **5 MIN** ♦ CUISSON : **10 À 15 MIN**

POUR 4 PERSONNES

- 1 foie gras de canard du Périgord de 450 g
- 4 belles pommes Golden en quartiers
- Fleur de sel et poivre concassé

1. Allumez un côté de la plancha à feu vif. Une fois très chaude, déposez le foie gras et faites-le « croûter » sur toutes les faces.

2. Posez une poêle sur l'autre partie de la plancha à feu moyen. Terminez la cuisson du foie gras à la poêle en le retournant régulièrement, la cuisson sera optimale lorsque les deux lobes se sépareront légèrement.

3. Pendant que le foie gras finit de cuire, faites revenir les quartiers de pommes sur la plancha dans le gras du canard jusqu'à ce qu'elles prennent une belle couleur biscotte.

4. Servez le foie gras avec quelques quartiers de pommes, un peu de fleur de sel et de poivre du moulin.

L'astuce de DOUDOU

Pour réussir cette recette, il faut impérativement un foie gras de qualité, choisissez un IGP. Et surtout qu'il soit très froid au moment de la mise en cuisson.

COUP DE CŒUR

BAVETTE GRILLÉE
et échalotes confites

PRÉPARATION : **15 MIN** ♦ CUISSON : **20 MIN** ♦ USTENSILE : **CLOCHE**

POUR 4 PERSONNES

- 600 g de bavette
- 12 échalotes
- 60 g de beurre
- 2 gousses d'ail non pelées
- 2 brins de thym
- Huile d'olive
- Sel et poivre

1. Sortez la bavette au moins 1 h à l'avance. Striez-la.

2. Faites revenir les échalotes finement hachées sur la plancha avec un filet d'huile. Recouvrez-les avec la cloche et laissez cuire à feu doux.

3. Ajoutez une noisette de beurre. Faites cuire la bavette 3 min sur la plancha à feu vif.

4. Retournez la viande, ajoutez le reste de beurre, le thym et l'ail. Laissez cuire encore 3 min environ.

5. Retirez du feu, salez, poivrez, et laissez reposer pendant 5 min dans du papier d'aluminium.

L'astuce de **PHILOU**

Cette recette vous apporte la dose de fondant imparable pour égayer les papilles de vos invités !

3

POISSONS & CRUSTACÉS

Les recettes de DOUDOU

Les recettes de PHILOU

DÉFI POISSON DE RIVIÈRE

PETITES FRITURES
de rivière ail-persil

PRÉPARATION : **15 MIN** ♦ CUISSON : **2 À 3 MIN**

POUR 4 PERSONNES

- ♦ 600 g d'ablettes, de gardons ou de goujons
- ♦ 3 gousses d'ail
- ♦ 1 petit bouquet de persil
- ♦ 150 g de farine
- ♦ 2 c. à soupe d'huile d'arachide
- ♦ 1 citron
- ♦ Sel et poivre

1. Videz, écaillez et lavez les poissons délicatement à la main, car ils sont très fragiles. Épongez-les et séchez-les bien.

2. Préparez la persillade en hachant finement le persil et l'ail.

3. Enfarinez les poissons : mettez-les dans un sac congélation avec la farine, secouez bien et sortez-les. Pour enlever l'excédent de farine, placez-les dans une passoire, puis remuez.

4. Allumez la plancha à feu vif et huilez la plaque. Une fois bien chaude, déposez la friture et, avec des spatules, retournez-la régulièrement.

5. Ajoutez de la persillade selon votre goût, salez, poivrez et servez aussitôt avec des quartiers de citron.

L'astuce de **DOUDOU**

Vous pouvez demander à votre poissonnier de préparer les poissons ou les acheter déjà écaillés dans le commerce.

DÉFI POISSON DE RIVIÈRE

TRUITES DES PYRÉNÉES *farcies*

PRÉPARATION : **25 MIN** ♦ CUISSON : **20 MIN**

POUR 4 PERSONNES

- 4 truites des Pyrénées vidées par votre poissonnier

Pour la farce :

- 160 g de jambon cru
- 150 g de champignons de Paris
- 1 oignon blanc frais
- 2 gousses d'ail
- 4 brins de persil
- 20 g de pain dur
- 1 c. à soupe d'huile d'olive
- Paprika fumé
- Piment d'Espelette

1. Préparez la farce. Hachez le jambon ainsi que les champignons. Mixez l'oignon, l'ail et le persil.

2. Coupez le pain en petits croûtons. Mélangez tous ces ingrédients en ajoutant l'huile, du paprika et du piment.

3. Farcissez les truites, puis refermez-les avec des cure-dents ou utilisez de la ficelle de cuisine.

4. Faites-les cuire sur la plancha à feu moyen pendant environ 20 min. Ne les retournez pas trop vite, la spatule doit passer sous le poisson sans résistance pour être sûr de ne pas abîmer la chair.

L'astuce de **PHILOU**

Ces truites peuvent être accompagnées de fenouil braisé à la plancha, puis terminé sous la cloche à l'étouffée.

DÉFI POISSON DE MER

FILETS DE DORADE
en papillote aux herbes du jardin

PRÉPARATION : **15 MIN** ♦ CUISSON : **15 MIN**

POUR 4 PERSONNES

- 4 filets de dorade
- 1 grosse tomate
- 1 courgette
- 4 oignons blancs frais
- 4 gousses d'ail
- Herbes fraîches (sauge, thym, laurier...)
- 20 olives noires dénoyautées
- 1 citron confit
- 2 c. à soupe d'huile d'olive
- Sel et poivre

1. Déposez les filets de dorade côté peau sur 4 grands carrés de papier sulfurisé. Salez et poivrez.

2. Pelez la tomate, épépinez-la et coupez-la en quartiers. Coupez la courgette en fines rondelles. Émincez les oignons, l'ail, les olives et le citron confit. Ciselez les herbes.

3. Répartissez tous ces ingrédients sur les filets. Arrosez d'un filet d'huile, salez et poivrez de nouveau.

4. Refermez les papillotes et attachez-les avec de la ficelle de cuisine.

5. Allumez la plancha à feu doux, déposez les papillotes et faites-les cuire environ 15 min.

L'astuce de **DOUDOU**

Attention, le temps de cuisson dépend de l'épaisseur des filets, pensez à vérifier avant de servir.

DÉFI POISSON DE MER

MERLU
à l'espagnole

PRÉPARATION : **15 MIN** ♦ CUISSON : **20 MIN**

POUR 4 PERSONNES

- 1 merlu de 1,5 kg ouvert en portefeuille par votre poissonnier
- 4 grosses pommes de terre
- 10 cl d'huile d'olive
- 4 gousses d'ail
- 1 piment d'Espelette séché
- 3 c. à soupe de vinaigre de Xérès
- 4 c. à soupe de crème fraîche
- 1 bouquet de ciboulette
- Fleur de sel et poivre concassé

1. Faites précuire les pommes de terre à l'eau pendant 15 à 20 min.

2. Emballez-les ensuite dans du papier d'aluminium et posez-les sur la plancha pour terminer la cuisson le temps de cuire le poisson.

3. Sur la plancha, déposez le merlu ouvert côté peau pour que les deux côtés cuisent en même temps (cuisson à l'unilatérale). Une fois le poisson cuit, sa chair est blanche, brillante et se détache facilement de la peau.

4. Pendant la cuisson du poisson, faites chauffer l'huile dans une casserole sur la plancha. Ajoutez l'ail coupé en rondelles de 2 mm d'épaisseur et laissez cuire environ 5 min jusqu'à une légère coloration sans brûler.

5. En fin de cuisson, taillez le piment en fines rondelles, ajoutez-le et déglacez avec le vinaigre.

6. Déposez le poisson dans un grand plat, versez au dernier moment la sauce à l'ail et au piment, salez.

7. Ouvrez le papier d'aluminium, coupez les pommes de terre en deux et versez 1 c. à soupe de crème sur chacune. Parsemez de ciboulette ciselée, salez, poivrez et servez avec le merlu.

L'astuce de **PHILOU**

N'oubliez surtout pas de manger les joues du poisson, tout comme le sot-l'y-laisse dans le poulet, c'est la partie que je préfère !

DÉFI CRUSTACÉS

GAMBAS
aux saveurs anisées

PRÉPARATION : **30 MIN** ♦ CUISSON : **30 MIN**

POUR 4 PERSONNES

- 16 grosses gambas crues
- 10 cl de pastis
- 2 c. à soupe d'huile d'olive
- 4 bulbes de fenouil
- 4 tomates
- 2 petits oignons
- 1 étoile de badiane
- 1 bouquet d'aneth
- 1 bouquet de persil
- Sel et poivre

1. Allumez la plancha à feu moyen. Nettoyez et émincez les fenouils, puis faites-les cuire sur la plancha avec l'huile.

2. À mi-cuisson des fenouils, ajoutez les tomates en quartiers, les oignons émincés et la badiane. Salez, poivrez et remuez régulièrement. Une fois cuits, les oignons doivent rester légèrement croquants. Retirez du feu.

3. Sans nettoyer la plancha, faites cuire les gambas et assaisonnez-les. Elles doivent être bien colorées.

4. Augmentez le feu, versez le pastis et faites flamber. Ajoutez enfin les fenouils ainsi que l'aneth et le persil grossièrement ciselés.

L'astuce de DOUDOU

Pour obtenir un goût anisé prononcé, n'hésitez pas à mettre vos gambas dans une boite hermétique la veille avec quelques étoiles de badiane et ½ bulbe de fenouil émincé.

DÉFI CRUSTACÉS

PAËLLA

PRÉPARATION : **45 MIN** ♦ CUISSON : **45 MIN** ♦ USTENSILE : **BOUCHON DE LIÈGE**

POUR 8 PERSONNES

- 24 grosses moules d'Espagne
- 8 grosses crevettes
- 2 calamars
- 360 g de riz à paella
- 8 hauts de cuisse de poulet
- 3 c. à soupe d'huile d'olive
- 1 oignon
- 2 gousses d'ail
- 1 poivron rouge
- 3 artichauts violets ou fonds d'artichauts (frais de préférence)
- 2 tomates
- 1 c. à café de paprika fumé
- 1 pincée de safran
- 1,5 l de bouillon de volaille (ou de légumes)
- 100 g de petits pois
- 100 g de pois gourmands
- 12,5 cl de vin blanc
- 1 citron (facultatif)

1. Pour transformer la plancha en plat à paëlla, n'oubliez pas de vous équiper du bouchon de liège.

2. Versez l'huile sur la plancha et faites revenir le poulet. Lorsque les cuisses sont colorées, ajoutez l'oignon et l'ail finement hachés. Déglacez au vin blanc.

3. Détaillez le poivron et les artichauts en fines lamelles, puis ajoutez-les au poulet.

4. Faites cuire les moules, les crevettes et les calamars coupés en rondelles pendant 5 min. Enlevez les moules et les crevettes pour qu'elles ne soient pas trop cuites.

5. Pelez les tomates, épépinez-les et coupez-les en petits dés. Ajoutez-les ainsi que le paprika et le safran.

6. Versez le riz, mélangez et laissez-le cuire 2 à 3 min. Ajoutez du bouillon pour recouvrir le riz, puis au fur et à mesure de la cuisson. Le riz cuit en 10 à 15 min selon le riz choisi et la température de la plancha.

7. Répartissez les petits pois et les pois gourmands à la surface, remettez les moules et les crevettes déjà cuites. Arrêtez la cuisson quand il reste encore un peu de bouillon. Couvrez d'un papier d'aluminium et laissez reposer pendant 5 min.

8. Servez éventuellement avec des quartiers de citron.

L'astuce de **PHILOU**

Parfois, je remplace les crevettes par de belles langoustines. Vous pouvez laisser cuire un peu plus longtemps la paëlla afin d'obtenir un riz qui attache au fond comme cela se fait dans certaines régions en Espagne.

DÉFI COQUILLAGE

ÉCLADE DE MOULES
au thym

PRÉPARATION : **10 MIN** ♦ CUISSON : **8 MIN** ♦ USTENSILE : **CLOCHE**

POUR 4 PERSONNES

- 2 l de moules de bouchot
- 4 petits fagots de thym, romarin et laurier secs
- Poivre

1. Réalisez les petits fagots en mélangeant thym, romarin et laurier secs. Utilisez de la ficelle de cuisine.

2. Allumez la plancha à feu vif. Déposez les moules en tas dessus.

3. Allumez chacun des fagots (il ne doit pas y avoir de flamme), puis déposez-les sur les moules. Couvrez avec la cloche. Elles vont s'ouvrir et se parfumer avec la fumée des herbes.

4. Au moment de servir, mettez les moules sur une planche, passez un coup de moulin à poivre et dégustez avec les doigts.

L'astuce de **DOUDOU**

Glissez quelques aiguilles de pin bien sèches dans les fagots, elles apporteront ce côté boisé qui se mélangera à merveille avec les saveurs des herbes du jardin.

DÉFI COQUILLAGE

SAINT-JACQUES
au beurre d'agrumes

PRÉPARATION : **25 MIN** ♦ CUISSON : **15 MIN** ♦ USTENSILE : **CLOCHE**

POUR 4 PERSONNES

- 12 noix de Saint-Jacques avec le corail
- 40 g de beurre
- ½ orange
- ½ citron
- 400 g de carottes
- 400 g de courgettes
- 1 c. à soupe d'huile d'olive
- Graines de sésame blanc et noir
- Fleur de sel et poivre concassé

1. Épluchez les carottes. Réalisez des tagliatelles de carottes et de courgettes avec un Économe.

2. Dans un saladier, mélangez les tagliatelles de légumes avec l'huile, de la fleur de sel et du poivre. Faites cuire les légumes 3 à 4 min à la plancha en remuant de temps en temps.

3. Couvrez avec la cloche et baissez la température du côté où sont les légumes.

4. Déposez le beurre dans un saladier, zestez l'orange et le citron au-dessus, salez et poivrez. Mélangez à la fourchette pour homogénéiser.

5. Quadrillez légèrement la surface des noix de Saint-Jacques avant de les déposer sur la plancha chaude.

6. Retournez-les au bout de 1 min 30, ajoutez la moitié du beurre d'agrumes et poursuivez la cuisson encore 1 min 30.

7. Dans chaque assiette, déposez un lit de légumes, puis 3 Saint-Jacques. Parsemez de graines de sésame et ajoutez une noix de beurre d'agrumes sur chaque Saint-Jacques encore chaude.

L'astuce de PHILOU

Lorsque vous prélevez le zeste des agrumes, veillez à ne zester que la peau et non la seconde couche qui est amer.

4

LÉGUMES & CIE

Les recettes de DOUDOU

Les recettes de PHILOU

DÉFI CHAMPIGNON

TÊTES DE CÈPES
farcies façon grand-mère

PRÉPARATION : **30 MIN** ♦ CUISSON : **20 MIN** ♦ USTENSILE : **CLOCHE**

POUR 4 PERSONNES

- 4 cèpes
- 2 tranches de tourte de meule rassie
- ½ magret de canard séché (ou 1 talon de jambon de pays)
- 1 morceau de lard
- 2 gousses d'ail
- 1 petit bouquet de persil
- 1 ou 2 œufs
- Huile de noix
- Sel et poivre

1. Essuyez les cèpes avec un papier absorbant, surtout ne pas les laver. Séparez la tête des pieds.

2. Hachez finement les tranches de tourte de meule, le magret, le lard, l'ail, le persil et les pieds des cèpes. Mélangez le tout dans un saladier.

3. Ajoutez 1 œuf, salez, poivrez et pétrissez à la main pour obtenir une farce homogène. Rajoutez 1 œuf si la farce est trop sèche. Farcissez chaque tête de cèpe de cette préparation.

4. Allumez la plancha à feu doux, huilez légèrement la plaque, puis déposez les têtes de cèpes farcies. Couvrez avec la cloche que vous enlèverez en milieu de cuisson.

5. Servez les têtes de cèpes avec un filet d'huile.

L'astuce de DOUDOU

Pour obtenir un plat savoureux, l'idéal est de cuisiner des têtes de cèpes un peu «mûres», reconnaissables par une couleur légèrement verte en dessous.

DÉFI CHAMPIGNON

OKONOMIYAKI
aux champignons

PRÉPARATION : **30 MIN** ♦ CUISSON : **25 MIN** ♦ USTENSILE : **CLOCHE**

POUR 4 PERSONNES

- 400 g de chou blanc
- 400 g de champignons (girolles, pleurotes, champignons de Paris)
- ½ c. à café de levure chimique
- 2 pincées de sucre
- 2 c. à café de dashi (facultatif)
- 200 g de farine
- 4 œufs
- Sauce à okonomiyaki
- Mayonnaise
- 1 petit oignon blanc frais
- Huile de tournesol
- Sel

1. Enlevez le cœur du chou et taillez-le finement en morceaux.

2. Nettoyez et émincez les champignons. Faites-les cuire dans une poêle avec de l'huile.

3. Mélangez la levure, le sucre, 2 pincées de sel et éventuellement le dashi dans 30 cl d'eau, puis ajoutez progressivement le mélange à la farine. Remuez jusqu'à ce qu'il n'y ait plus de grumeaux.

4. Ajoutez le chou, les œufs et mélangez bien.

5. Mettez un peu d'huile sur la plancha à feu moyen. Versez la moitié de la pâte et formez un disque d'environ 2 cm d'épaisseur.

6. Recouvrez l'okonomiyaki avec la moitié des champignons, puis ajoutez un peu de pâte. Couvrez avec la cloche et faites cuire environ 10 min.

7. Avec une spatule, soulevez l'okonomiyaki et passez une assiette dessous.

8. Ajoutez de la sauce à okonomiyaki et de la mayonnaise, si possible avec des biberons pour obtenir des traits réguliers. Parsemez d'oignon frais ciselé.

9. Réalisez le second okonomiyaki avec le reste des ingrédients.

L'astuce de PHILOU

Vous pouvez réaliser la sauce à okonomiyaki maison en mélangeant 4 c. à soupe de ketchup, 4 c. à soupe de sauce Worcestershire, 3 c. à soupe de miel et 3 c. à café de soja salé.

DÉFI CUCURBITACÉS

RÖSTIS DE COURGETTES
à la tomme de Savoie

PRÉPARATION : **10 MIN** ♦ CUISSON : **10 MIN** ♦ USTENSILE : **GRILLE DE REPOS**

POUR 4 À 6 PERSONNES

- 600 g de courgettes
- 40 g de tomme de Savoie râpée
- 1 œuf
- 35 g de farine
- 40 g d'un mélange de noisettes, noix, amandes et pistaches concassées
- 5 ou 6 brins de persil
- Sel et poivre

1. Lavez les courgettes sans les peler et râpez-les. Salez-les et laissez égoutter pendant 10 à 15 min dans une passoire. Pressez-les ensuite légèrement dans un linge pour enlever l'excédent d'eau.

2. Déposez les courgettes dans un saladier. Mélangez-les avec l'œuf, la farine, la tomme, les fruits à coque, le persil haché, du sel et du poivre. Réservez au frais.

3. Allumez la plancha à feu moyen. Une fois chaude, baissez la température à feu doux et huilez légèrement la plaque.

4. Déposez des petits tas de préparation sur la plaque, que vous écrasez avec le dos d'une cuillère. Laissez cuire en augmentant la température au besoin afin de bien les faire griller.

5. Retournez les röstis à mi-cuisson, puis déposez-les sur la grille de repos jusqu'au moment de les déguster.

L'astuce de **DOUDOU**

Servez ces röstis avec une bonne sauce et du riz !

DÉFI CUCURBITACÉS

COURGE
rôtie

PRÉPARATION : **15 MIN** ♦ CUISSON : **25 MIN**

POUR 4 PERSONNES

- 600 g de courge (potiron ou butternut)
- 50 g de graines de courge
- 150 g de chèvre frais
- ½ bouquet de ciboulette
- Huile neutre
- Huile de noix
- Sel et poivre

1. Pelez et coupez la courge en tranches d'environ 5 mm d'épaisseur, et conservez les graines.

2. Mélangez les graines de courge avec un peu d'huile neutre. Torréfiez-les sur la plancha à feu vif. Déposez-les sur un papier absorbant et salez.

3. Passez un peu d'huile de noix sur les tranches de courge. Faites-les cuire environ 20 min sur la plancha en les retournant régulièrement.

4. La courge est cuite quand la pointe d'un couteau s'enfonce sans résistance dans la chair.

5. Dans les assiettes, répartissez la courge, émiettez le chèvre frais dessus, parsemez de graines de courge et de ciboulette finement hachée. Salez et poivrez.

L'astuce de **PHILOU**

Servez cette courge sur un lit de semoule.

DÉFI POIVRON

POIVRONS *farcis*

PRÉPARATION : **30 MIN** ♦ CUISSON : **20 À 30 MIN** ♦ USTENSILE : **CLOCHE**

POUR 4 PERSONNES

- 4 petits poivrons rouges

Pour la farce :

- 600 g de bœuf haché (ou de poulet haché)
- 1 petit oignon
- 2 échalotes
- 2 gousses d'ail
- 1 bouquet de ciboulette
- 1 bouquet de persil
- 1 c. à soupe d'épices de votre choix
- 1 œuf
- 3 c. à soupe de chapelure
- Sel et poivre

1. Lavez les poivrons et coupez-les en deux dans la longueur. Épépinez-les.

2. Préparez la farce. Dans un saladier, mélangez la viande avec l'oignon, les échalotes, l'ail, la ciboulette et le persil hachés.

3. Ajoutez les épices, l'œuf et la chapelure. Malaxez bien. Salez et poivrez.

4. Avec une cuillère à soupe, remplissez à hauteur les demi-poivrons.

5. Allumez la plancha à feu doux, huilez légèrement la plaque et déposez les poivrons. Couvrez avec la cloche et laissez cuire en les retournant régulièrement.

L'astuce de **DOUDOU**

Servez les poivrons farcis parsemés de cébette ciselée, avec une salade verte et un filet d'huile d'olive.

DÉFI POIVRON

CHAKCHOUKA

PRÉPARATION : **20 MIN** ♦ CUISSON : **1 H** ♦ USTENSILE : **CLOCHE**

POUR 4 PERSONNES

- 400 g de tomates
- 300 g de poivrons rouges
- 200 g d'oignons
- 2 gousses d'ail
- Huile de tournesol
- Sel et poivre

1. Émincez les oignons. Faites-les cuire 10 min avec un fond d'huile et du sel.

2. Pelez et coupez les tomates en dés. Lorsque les oignons sont légèrement colorés, ajoutez les tomates. Faites-les cuire environ 10 min le temps de préparer les poivrons.

3. Faites d'abord cuire les poivrons entiers sur la plancha avec la cloche environ 15 min, jusqu'à ce que la peau soit bien noire. Retournez alors les poivrons pour les cuire sur toutes les faces.

4. Lorsque les poivrons sont bien grillés, enfermez-les dans un sac congélation. Une fois refroidis, vous pouvez les épépiner et les peler facilement, puis les détailler en fines lamelles.

5. Déposez tous ces ingrédients et l'ail finement haché dans une poêle à bord haut et poursuivez la cuisson à couvert pendant 20 min. Ajoutez si besoin un peu d'eau. Salez et poivrez.

L'astuce de PHILOU

J'adore manger cette chakchouka parsemée de cébette ciselée, avec un œuf au plat ou mollet.

COUP DE CŒUR

BROCHETTES
de légumes marinés

PRÉPARATION : **30 MIN** ♦ MARINADE : **12 H** ♦ CUISSON : **10 À 15 MIN**

POUR 4 PERSONNES

- 2 petites courgettes jaunes
- 2 petites courgettes vertes
- 1 poivron rouge ou jaune
- 16 petits champignons de Paris
- 1 barquette de tomates cerises
- 1 botte de petits oignons blancs frais
- Sel et poivre

Pour la marinade :

- 3 c. à soupe d'huile d'olive
- Le jus d'1 citron
- 2 gousses d'ail
- 2 brins de thym
- 1 brin de romarin
- 3 feuilles de sauge fraîche

1. La veille, nettoyez les légumes sans les éplucher. Taillez les courgettes en rondelles un peu épaisses et le poivron en cubes de la grosseur des autres légumes.

2. Montez les brochettes en alternant les couleurs et les légumes. Placez-les dans une boîte hermétique.

3. Préparez la marinade. Mélangez l'huile, le jus du citron, l'ail écrasé et les herbes. Versez-la dans la boîte avec les brochettes, secouez et laissez mariner 12 h au frais.

4. Le jour même, allumez la plancha à feu doux. Déposez les brochettes sur la plaque et laissez cuire 10 à 15 min en les retournant régulièrement. Salez et poivrez en fin de cuisson.

L'astuce de **DOUDOU**

Au moment de servir, amenez une note encore plus estivale à vos brochettes en les saupoudrant d'un mélange d'herbes du jardin et d'un citron confit grossièrement haché !

COUP DE CŒUR

COURGETTES FARCIES
aux petits légumes

PRÉPARATION : **20 MIN** ♦ CUISSON : **30 MIN** ♦ USTENSILE : **CLOCHE (FACULTATIF)**

POUR 4 PERSONNES

- 4 courgettes
- 4 artichauts violets
- 24 tomates cerises
- ½ bulbe de fenouil
- 1 tête d'ail
- 1 brin de thym
- Huile d'olive
- Sel et poivre

1. Coupez les courgettes en deux dans la longueur et creusez l'intérieur à la petite cuillère.

2. Récupérez le cœur des artichauts et coupez-les en fines lamelles. Coupez les tomates cerises en deux. Émincez le fenouil.

3. Faites cuire tous les légumes à la plancha, à feu moyen, en mettant si possible le fenouil sous une cloche.

4. Coupez la tête d'ail dans la hauteur, enveloppez-la dans du papier d'aluminium avec un peu d'huile, du sel, du poivre et du thym. Faites-la cuire sur la plancha.

5. Une fois tous les légumes cuits, déposez les courgettes dans les assiettes et garnissez-les avec les autres légumes.

6. Retirez la tête d'ail du papier d'aluminium et récupérez la chair. Mixez-la avec un peu d'huile, du sel et du poivre. Versez l'ail confit sur les légumes.

L'astuce de PHILOU

Vous pouvez mixer les légumes avec un peu de bouillon de légumes et de crème liquide pour faire un velouté froid en entrée ou chaud selon la saison.

5
DESSERTS

Les recettes de DOUDOU

Les recettes de PHILOU

DÉFI FRUITS ROUGES

GÂCHE

façon pain perdu et confiture de fraises minute

PRÉPARATION : **20 MIN** ♦ CUISSON : **15 MIN**

POUR 4 PERSONNES

- 1 gâche
- 500 g de fraises
- 250 g de sucre en poudre
- 3 œufs
- 25 cl de lait
- 20 g de beurre
- 4 c. à soupe de sucre glace

1. Allumez la plancha à feu vif. Lavez et équeutez les fraises, puis coupez-les grossièrement en morceaux. Mettez-les dans une casserole avec le sucre en poudre et placez la casserole sur la plancha.

2. Une fois les fraises légèrement cuites, versez-les dans un saladier et réservez au frais.

3. Coupez 4 tranches épaisses de gâche. Dans un plat, battez les œufs et ajoutez le lait. Imbibez les tranches de gâche sur toutes les faces.

4. Baissez la température à feu doux, beurrez la plaque et déposez les tranches de gâche.

5. Faites-les cuire en les retournant régulièrement, jusqu'à ce qu'elles soient légèrement colorées.

6. En fin de cuisson, saupoudrez de sucre glace et faites caraméliser les tranches de gâche. Servez-les tièdes, accompagnées de la confiture de fraises bien fraîche.

L'astuce de DOUDOU

La gourmandise vous envahie ? Servez cette gâche avec une boule de glace à la fraise et une belle cuillère de crème chantilly maison !

DÉFI FRUITS ROUGES

CHAUD-FROID
de fruits rouges

PRÉPARATION : **15 MIN** ♦ CUISSON : **8 MIN**

POUR 4 PERSONNES

- 100 g de fraises
- 100 g de cerises dénoyautées
- 100 g de myrtilles
- 100 g de framboises
- 100 g de groseilles
- 1 c. à soupe de cassonade
- Glace vanille

1. Coupez les fraises et les cerises en quartiers. Dans un saladier, mélangez tous les fruits rouges avec la cassonade.

2. Déposez les fruits rouges sur la plancha et faites-les cuire à feu moyen sans cesser de les remuer délicatement. La cuisson est très rapide, surtout si les fruits sont à maturité.

3. Répartissez les fruits dans des assiettes à dessert et ajoutez une boule de glace.

L'astuce *de* **PHILOU**

Pour les plus gourmands, complétez ce dessert avec un coulis de caramel au beurre salé, des brisures de sablé breton ou encore des morceaux de meringue.

DÉFI FRUITS À COQUE

CROQUANTS
aux noix du Périgord

PRÉPARATION : **10 MIN** ♦ CUISSON : **10 MIN** ♦ USTENSILE : **GRILLE DE REPOS**

POUR 2 À 4 PERSONNES

- 100 g de cerneaux de noix du Périgord
- 1 œuf
- 100 g de sucre
- 1 c. à soupe de vanille liquide
- 1 pincée de sel
- 125 g de farine

1. Dans un saladier, mélangez l'œuf, le sucre, la vanille et le sel.

2. Ajoutez la farine tamisée et enfin les noix concassées. La pâte doit être homogène.

3. Allumez la plancha à feu doux, huilez légèrement la plaque et déposez des petits tas de la préparation. Aplatissez-les légèrement à la fourchette trempée dans de l'eau froide. Retournez les croquants en cours de cuisson.

4. Une fois cuits, réservez-les sur la grille de repos hors de la plancha afin qu'ils refroidissent et sèchent.

L'astuce de **DOUDOU**

Les cerneaux de noix rancissent très vite. Pour éviter cela, mettez-les dans un sac directement au congélateur. Il vous suffira d'en prendre au fur et à mesure de vos besoins, sans les décongeler auparavant.

DÉFI FRUITS À COQUE

FRAISES D'AMOUR
aux noisettes de Corse

PRÉPARATION : **5 MIN** ♦ CUISSON : **10 MIN**

POUR 2 À 4 PERSONNES

- 24 belles fraises
- 100 g de noisettes hachées
- 4 c. à soupe de sucre

1. Lavez et équeutez les fraises. Piquez chaque fraise avec un cure-dent.

2. Torréfiez les noisettes hachées sur la plancha à feu vif.

3. Versez le sucre en couche fine sur la plaque. Dès que le sucre caramélise, roulez les fraises dans le caramel, puis immédiatement dans les noisettes torréfiées.

L'astuce de **PHILOU**

Vous pouvez proposer ces fraises également en version gâteau rapide, en réalisant une base de pâte sans cuisson avec des sablés bretons mélangés à du beurre fondu.

DÉFI DESSERT ALCOOLISÉ

CRÊPES Suzette

PRÉPARATION : **35 MIN** ♦ REPOS : **4 H** ♦ CUISSON : **20 MIN**

POUR 4 PERSONNES

Pour la pâte à crêpes :
- 6 œufs
- 70 g de sucre
- 250 g de farine
- 50 cl de lait
- 60 g de beurre fondu
- 2 c. à soupe de Grand Marnier
- 1 orange
- Huile de tournesol

Pour la sauce Suzette :
- 3 c. à soupe de sucre
- 50 g de beurre
- 1 pincée de fécule de maïs
- 1 c. à soupe de Grand Marnier

1. Préparez la pâte à crêpes. Mélangez les œufs, le sucre, puis ajoutez la farine.

2. Incorporez ensuite petit à petit le lait, le beurre fondu, l'alcool et enfin des zestes d'orange. Laissez reposer la pâte 4 h au frais.

3. Préparez la sauce Suzette. Allumez la plancha à feu moyen, puis faites caraméliser le sucre et le beurre dans une casserole sur la plaque.

4. Lorsque le caramel a pris une belle couleur biscotte, mélangez-le avec un peu d'eau, la fécule et l'alcool. Réservez au chaud.

5. Réalisez enfin les crêpes en huilant de temps de temps la plaque.

6. Servez les crêpes accompagnées d'une bonne cuillerée à soupe de sauce.

L'astuce de DOUDOU

Pour encore plus de gourmandise, ajoutez des quartiers d'orange et parsemez de zeste au moment de servir.